おはなしドリル　わらいばなし　低学年

くじ

1

当《あ》たるうらない

お寺《てら》の門《もん》の近《ちか》くにいつも店《みせ》を出《だ》しているうらないしは、とてもよく当《あ》たるというひょうばんです。

その日《ひ》は、天気《てんき》もよく、うらないしの店《みせ》のまわりでは、子《こ》どもたちがわいわいと元気《げんき》に走《はし》り回《まわ》っていました。

子《こ》どもたちがさわぐので、うらなってもらおうというおきゃくさんが、さっぱりよりつきません。

「おい、おまえたち、商売《しょうばい》のじゃまになる。どこかほかのところへ行《い》って、あそべ。」

と、うらないしがしかると、

「おじさん、よく当《あ》たるという、うらないのおじさんだろ。」

一人《ひとり》の子《こ》どもが言《い》いました。

読《よ》んだ日《ひ》　　月《がつ》　　日《にち》

❶ うらないしは、どこに店《みせ》を出《だ》していますか。

（　　　　　　）

❷ 子《こ》どもたちは、うらないしの店《みせ》のまわりで、どうしていますか。（　）に合《あ》う言葉《ことば》を書《か》きましょう。

・（　　　　　　）と元気《げんき》に走《はし》り回《まわ》っている。

「そうかそうか。よく当《あ》たるといううわさがたっているのかい。わしもなかなかのものじゃないか。だがな、ここでおまえたちがワーワーさわいでいると、うらなってもらいたいという人《ひと》も、うるさくて帰《かえ》ってしまう。どこかほかのところで、あそんでおくれ。おまえたち、家《いえ》はどこだ。どこから来《き》た。」

「家《いえ》がどこか当《あ》ててみな。当《あ》てたら、むこうに行《い》ってやるよ。」

❸ うらないしが、子《こ》どもたちにどこかほかのところへ行《い》ってあそべとしかったのは、なぜですか。一《ひと》つに○をつけましょう。

ア　子《こ》どもがきらいだから。

イ　せまいところだから。

ウ　商売《しょうばい》のじゃまになるから。

❹ 子《こ》どもは、うらないしがどうすればむこうに行《い》くと言《い》っていますか。（　）に合《あ》う言葉《ことば》を書《か》きましょう。

・（　　　　　）で、自《じ》分《ぶん》たちの家《いえ》がどこか、当《あ》てることができれば。

2 アイスキャンデー

あつい夏《なつ》の日《ひ》のことです。

「おなかすいたねえ。何《なに》か食《た》べるものはないかな。」

ありたちは、みんなで食《た》べものをさがしに出《で》かけました。

きょろきょろしながら歩《ある》いていると、あまいにおいがしてきました。

「何《なに》か、あるぞ。」

ありたちは、草《くさ》むらの中《なか》から、おいしそうなアイスキャンデーを見《み》つけました。

「いいにおい。大《おお》きなえさを見《み》つけたよ。みんなではこぼう。」

読《よ》んだ日《ひ》　月《がつ》　日《にち》

❶ ありたちがきょろきょろしながら歩《ある》いていると、どんなにおいがしてきましたか。

（　）に合《あ》う言葉《ことば》を書《か》きましょう。

・（　　　　）におい。

❷ 「大《おお》きなえさ」とは、なんのことですか。

（　　　　）

ありたちは、アイスキャンデーを細《こま》かくして、みんなではこびます。すあなでまっているなかまも、きっと大《おお》よろこびでしょう。

「うんしょ。うんしょ。」

もう少《すこ》しで、すあなです。

「あれ、へんだな。」

気《き》がつくと、みんながはこんでいたアイスキャンデーが、すっかりなくなっていました。

一《いっ》ぴきのありが、がっかりして言《い》いました。

「あれあれ、へんだな。もう一回《いっかい》、えさをさがしに行《い》かなくてはならないよ。」

❸ ありたちは、❷のものをどのようにしてはこびましたか。（　）に合《あ》う言葉《ことば》を書《か》きましょう。

・（　　　）して、（　　　）ではこんだ。

❹ アイスキャンデーは、どうなってしまったと考《かんが》えられますか。一《ひと》つに○をつけましょう。

ア　みんなで食《た》べてしまった。

イ　とけてなくなってしまった。

ウ　どこかにおとしてきてしまった。

3 あっ、家《いえ》がない

あるところに、うんがわるくて、何度《なんど》もどろぼうに入《はい》られた家《いえ》がありました。何《なに》もかももっていかれて、のこっているものは、空《から》の大《おお》きなはこが一《ひと》つ。

その家《いえ》の男《おとこ》は、

「ふとんももっていかれてしまった。しょうがない。ここでねるか。」

と、はこの中《なか》に入《はい》って、ねてしまいました。

夜《よる》おそく、また、その家《いえ》にどろぼうが二人《ふたり》やって来《き》ました。

「なんだか、何《なに》もない家《いえ》だなあ。あるのは、大《おお》きなはこが一《ひと》つだけ。しょうがないから、これでもいただいていくとするか。」

読《よ》んだ日《ひ》　月《がつ》　日《にち》

❶ どろぼうにとられず、男《おとこ》の家《いえ》にのこっているものは、なんですか。

（　　　　　）

❷ 二人《ふたり》のどろぼうは、はこの中《なか》に何《なに》が入《はい》っていると思《おも》いましたか。（　）に合《あ》う言葉《ことば》を書《か》きましょう。

・（　　　　　）が入《はい》っていると思《おも》った。

と、はこに手《て》をかけてみましたが、やけにおもい。

「これは、中《なか》に大事《だいじ》なものが入《はい》っているにちがいない。」

二人《ふたり》がかりではこをはこび出《だ》し、夜中《よなか》の道《みち》をウンウン言《い》いながら、さびしい野原《のはら》まで来《き》たときのことです。

「まずい。人《ひと》が来《く》る。」

人《ひと》が近《ちか》づいてくるのを見《み》て、あわててはこをおくと、どろぼうたちはさっさとにげ出《だ》しました。

しばらくすると、スースーとつめたい風《かぜ》をかんじて、はこの中《なか》の男《おとこ》が目《め》をさましました。ふたをあけてみると、空《そら》には星《ほし》がいっぱいです。

「あれれ、とうとう家《いえ》までとられた。」

❸ どろぼうたちは、どうしてはこをおいてにげ出《だ》したのですか。一《ひと》つに○をつけましょう。

ア わるいことだとはんせいしたから。
イ はこがおもくてつかれたから。
ウ 人《ひと》が近《ちか》づいてきたから。

❹ はこの中《なか》で目《め》をさました男《おとこ》は、ふたをあけて、どう思《おも》いましたか。（　）に合《あ》う言葉《ことば》を書《か》きましょう。

・（　　　　）までとられたと思《おも》った。

4 月《つき》日《ひ》がたつのは

お月《つき》さまとお日《ひ》さまが、りょこうに行《い》くそうだんをしていると、かみなりさまが、それを聞《き》きつけました。

「おれもいっしょに、つれていってください。」

「じゃあ、おいで。」

そこで、三人《さんにん》はいっしょに出《で》かけ、その夜《よる》は、同《おな》じりょかんにとまることにしました。

ところが、かみなりさまのいびきが、

「ゴロゴロ……ゴロゴロ……。」

と、うるさくて、お月《つき》さまもお日《ひ》さまも、ねむれ

❶ お月《つき》さまとお日《ひ》さまは、なんのそうだんをしていましたか。（　）に合《あ》う言葉《ことば》を書《か》きましょう。

・（　　　　）に行《い》くそうだん。

❷ お月《つき》さまもお日《ひ》さまも、夜《よる》、ねむれなかったのはなぜですか。（　）に合《あ》う言葉《ことば》を書《か》きましょう。

・かみなりさまの（　　　　）がうるさかったから。

読《よ》んだ日《ひ》　月《がつ》　日《にち》

ません。

「こいつ、つれていくのはよそうよ。ねているうちに、出発《しゅっぱつ》しよう。」

と、そうだんがきまりました。

つぎの日《ひ》の朝《あさ》、かみなりさまがねているうちに、お月《つき》さまとお日《ひ》さまは、出発《しゅっぱつ》してしまいました。

おきてきたかみなりさまに、

「お月《つき》さまとお日《ひ》さまは、もうお立《た》ち*になりました。」

と、りょかんの人《ひと》が言《い》いました。すると、

「さてさて、*月日《つきひ》がたつのははやいものだなあ。」

と、かみなりさまはおどろいて、

「おれは、夕立《ゆうだち》にしよう。」

と、言《い》いました。


*立《た》つ…出発《しゅっぱつ》する。出《で》かける。

*月日《つきひ》がたつ…「時間《じかん》がすぎる。」のいみがある。

❸ お月《つき》さまとお日《ひ》さまが、かみなりさまがねているうちに出発《しゅっぱつ》したのはなぜですか。一《ひと》つに○をつけましょう。

ア かみなりさまといっしょに、りょこうしたくなかったから。
イ かみなりさまがいつまでもねているから。
ウ きゅうに出《で》かけることになったから。

❹ かみなりさまは、何《なに》におどろきましたか。（　）に合《あ》う言《こと》葉《ば》を書《か》きましょう。

・（　　　　　）のははやいこと。

5 さるのさいばん

小《ちい》さなねこと大《おお》きなねこが歩《ある》いていると、おにぎりが、二《ふた》つおちていました。

小《ちい》さなねこがひろったのは、大《おお》きなおにぎり。

大《おお》きなねこがひろったのは、小《ちい》さなおにぎり。

大《おお》きなねこは、大《おお》きなおにぎりが食《た》べたいと思《おも》いました。

「おにぎりをとりかえっこしよう。」

「これは、ぼくがひろったものだ。」

小《ちい》さなねこも大《おお》きなおにぎりを食《た》べたかったので、けんかをはじめました。そこを通《とお》りかかったさるが、二《に》ひきの話《はなし》を聞《き》いて言《い》いました。

「ぼくが同《おな》じ大《おお》きさにしてやろう。ちょっとかしてごらん。」

読《よ》んだ日《ひ》　月《がつ》　日《にち》

❶ 二《に》ひきのねこがけんかをはじめたのは、なぜですか。（　）に合《あ》う言葉《ことば》を書《か》きましょう。

・（　　　）おにぎりをひろった大《おお》きなねこが、（　　　）おにぎりをひろった小《ちい》さなねこに、とりかえっこをしようと言《い》ったから。

二《に》ひきからおにぎりをうけとったさるは、両手《りょうて》にもって見《み》くらべました。

「こっちが大《おお》きいから、一口《ひとくち》ぱくっ。ありゃりゃ、今度《こんど》はこっちが大《おお》きくなってしまった。なかなかうまくいかないな。」

そうやって、かわりばんこに一口《ひとくち》ずつ食《た》べていくうちに、二《ふた》つのおにぎりは、どちらもとっても小《ちい》さくなってしまいました。

❷ さるは、どうしておにぎりをかわりばんこに食《た》べているのですか。（　）に合《あ》う言葉《ことば》を書《か》きましょう。

・二《ふた》つのおにぎりを、同《おな》じ（　　　　）にしようとしているから。

❸ 二《ふた》つのおにぎりは、どうなってしまいましたか。

［　　　　　　　　］

6 身長《しんちょう》ちがい

へいのむこうから音楽《おんがく》が聞《き》こえるのが気《き》になる二人《ふたり》が、高《たか》いへいの中《なか》をのぞこうとしています。

「おい、きみのかたにのったら、ちょうどへいの上《うえ》に顔《かお》が出《で》るかもしれない。」

と、せのひくい男《おとこ》が、せの高《たか》い男《おとこ》に言《い》いました。

「よし、かたにのれ。」

せのひくい男《おとこ》は、せの高《たか》い男《おとこ》のかたにのりましたが、まだ、へいの上《うえ》に顔《かお》が出《で》ません。

「どうだい、中《なか》は見《み》えたかい。」

「だめだ。あと少《すこ》しなのにざんねんだ。」

すると、せの高《たか》い男《おとこ》が言《い》いました。

「考《かんが》えてみたんだけど、それはあたりまえだな。」

「どうして。」

読《よ》んだ日《ひ》　月《がつ》　日《にち》

❶ 二人《ふたり》の男《おとこ》は、何《なに》をしようとしていますか。（　）に合《あ》う言《こと》葉《ば》を書《か》きましょう。

・（　　　　　）を のぞこうとしている。

❷ さいしょにかたにのったのは、どちらですか。一《ひと》つに○をつけましょう。

ア　せの高《たか》い男《おとこ》。
イ　せのひくい男《おとこ》。

「ぼくのほうがせが高《たか》い。高《たか》いほうが上《うえ》まで見《み》えるだろう。だから、ぼくがきみのかたにのったほうが見《み》えると思《おも》うんだ。今度《こんど》は、ぼくがきみのかたにのってみる。」

そういうわけで、せの高《たか》い男《おとこ》が、せのひくい男《おとこ》のかたにのりました。

さて、へいの中《なか》は見《み》えたでしょうか。

❸ せのひくい男《おとこ》が、せの高《たか》い男《おとこ》のかたにのったとき、へいの中《なか》は見《み》えましたか。

（　　　）

❹ せの高《たか》い男《おとこ》が、せのひくい男《おとこ》のかたにのったとき、へいの中《なか》は見《み》えましたか。

（　　　）

7 まんじゅうこわい

わかい男《おとこ》が、友《とも》だちの家《いえ》へあそびに行《い》きました。とちゅうで、おみやげにまんじゅうをたくさん買《か》いました。

友《とも》だちとまんじゅうを食《た》べているところに、もう一人《ひとり》の友《とも》だちがやって来《き》ましたが、とたんに、青《あお》い顔《かお》をして、ぶるぶるとふるえ出《だ》しました。

「どうした。ぐあいがわるいのかい。」

「そ、そのまんじゅうだよ。おれは、まんじゅうを見《み》ると、こわくてふるえてしまうんだよ。」

「へえ、へんなくせがあるんだな。」

そこで、わかい男《おとこ》がいたずらを思《おも》いつきました。あとから来《き》た友《とも》だちをとなりのへやにつれていき、のこりのまんじゅうをそのへやになげ入《い》れる

読《よ》んだ日《ひ》　月《がつ》　日《にち》

❶ 「へんなくせ」とはどんなくせですか。（　）に合《あ》う言葉《ことば》を書《か》きましょう。

・（　　　　　　）を見《み》ると、こわくてふるえてしまうくせ。

❷ なぜ、まんじゅうが「こわい」と言《い》ったのですか。一《ひと》つに○をつけましょう。

ア 大《だい》きらいなものだから。

イ 形《かたち》がとてもおそろしかったから。

ウ 「こわい」はうそで、本《ほん》当《とう》は食《た》べたかったから。

と、外《そと》からかぎをかけてしまったのです。

わかい男《おとこ》と友《とも》だちは、あとから来《き》た友《とも》だちのあわてようをわらっていましたが、へやの中《なか》がやけにしずかです。

「まんじゅうがこわすぎて、引《ひ》っくりかえってしまったのかな。」

心配《しんぱい》になって、かぎをあけてへやの中《なか》をのぞくと、まんじゅうはきえてなくなっていて、友《とも》だちは元気《げんき》な顔《かお》ですわっています。

「まんじゅうは、どうしたんだ。」

「あんまりこわいんで、みんな食《た》べちゃった。今《こん》度《ど》は、お茶《ちゃ》が□。」

❸ へやになげ入《い》れられたまんじゅうは、どうなりましたか。一《ひと》つに○をつけましょう。

ア そのままのこっていた。

イ あとから来《き》た友《とも》だちがどこかにかくしてしまった。

ウ あとから来《き》た友《とも》だちが食《た》べてしまった。

❹ 上《うえ》の文章《ぶんしょう》の□に入《はい》る三《さん》字《じ》の言葉《ことば》を書《か》き出《だ》しましょう。

8 ゆうれいのいのち

　このごろ、おはかにゆうれいが出《で》るといううわさがあります。

　それを耳《みみ》にした一人《ひとり》の男《おとこ》が、

「ゆうれいなんて、こわくない。おれが行《い》って、出《で》ないようにしてやろう。」

と、その夜《よる》、おはかに行《い》きました。

　夜中《よなか》になると、うわさどおりの白《しろ》いきもののゆうれいがあらわれました。

　かくれて見《み》ていると、男《おとこ》がいる方《ほう》とははんたいの方《ほう》へ行《い》ってしまいました。

「おれに気《き》がつかないで行《い》ってしまったぞ。この間《あいだ》に……。」

　男《おとこ》は、ゆうれいの出《で》てきたあなをうめてしまい

❶ 男《おとこ》は、なんのためにおはかに行《い》ったのですか。一《ひと》つに◯をつけましょう。
ア　ゆうれいを見《み》るため。
イ　ゆうれいが出《で》ないようにするため。
ウ　ゆうれいをつかまえるため。

❷ どんなゆうれいがあらわれましたか。
・うわさどおりの〔　　　　〕

読《よ》んだ日《ひ》　月《がつ》　日《にち》

ました。
しばらくすると、ゆうれいがもどってきました
が、出《で》てきたあながありません。
「ありゃ、帰《かえ》るところがなくなった。ヒュウドロ
ドロ、ヒュウドロドロ……。」
と、となえても、すがた
がきえません。
ゆうれいは、すっかり
がっかりして、すわりこ
んでしまいました。
「帰《かえ》るところがないので
は、わたしのいのちも
今日《きょう》かぎりだ。」

❸ 男《おとこ》は、ゆうれいが出《で》てきた
あなをどうしましたか。

〔　　　　　　〕

❹ ゆうれいが、すっかりがっ
かりしたのはなぜですか。
（　）に合《あ》う言葉《ことば》を書《か》きましょう。

・自分《じぶん》が出《で》てきた（　　　）
がふさがれていて、（　　　）が
なくなったから。

9 ねこの鳴《な》きまね

　ある古《ふる》い家《いえ》に、男《おとこ》が一人《ひとり》ですんでいました。毎《まい》日《にち》、夜《よる》になると、天《てん》じょううらでねずみがガタガタと走《はし》り回《まわ》って、うるさくてたまりません。

　この日《ひ》も、ねようとすると、天《てん》じょうでガタガタガタ。

「うるさくてねむることができない。ねずみがどこかへ行《い》ってしまう、いい考《かんが》えはないものか。」

「そうだ。」

　男《おとこ》は、とつぜん思《おも》いついて、

「ニャーン。」

と、ねこの鳴《な》き声《ごえ》をまねしてみました。とたんにねずみがしずかになりました。これはおもしろいと、男《おとこ》はしきりにねこの鳴《な》き声《ごえ》をまねします。

読《よ》んだ日《ひ》　月《がつ》　日《にち》

❶ 夜《よる》になると、天《てん》じょううらがうるさくなるのはなぜですか。一《ひと》つに○をつけましょう。

ア　ねずみが鳴《な》くから。
イ　ねずみが走《はし》り回《まわ》るから。
ウ　ねこが走《はし》り回《まわ》るから。

❷ 男《おとこ》は、天《てん》じょううらがうるさくて、どんなことにこまっていますか。

［　　　　　　　　］

「ニャーン、ニャーン。」

それを天《てん》じょううらからのぞいていたねずみが、

「おい、ちょっとこっちへ来《き》て、下《した》を見《み》ろよ。」

と、なかまをよびよせました。

「なんだ、なんだ。」

と、ほかのねずみがよってきます。

「ねこの鳴《な》き声《ごえ》をまねしている人間《にんげん》だ。おもしろいぜ。」

ねずみたちは、大《おお》よろこびで、へんな人間《にんげん》の見物《けんぶつ》をはじめました。

❸ 男《おとこ》が思《おも》いついた「いい考《かんが》え」とは、どんなことですか。

［　　　　］

❹ あつまったねずみたちがしずかだったのは、なぜですか。（　）に合《あ》う言葉《ことば》を書《か》きましょう。

・へんな（　　　）の（　　　）をはじめたから。

10 けん道《どう》の先生《せんせい》

あるところに、いつも自分《じぶん》が強《つよ》いとじまんをしているけん道《どう》の先生《せんせい》がいました。

「先生《せんせい》、この前《まえ》、先生《せんせい》にしあいをもうしこんできた人《ひと》がいたと聞《き》きました。強《つよ》い先生《せんせい》のことですから、あいてはだいぶひどい目《め》にあったのでしょうね。」

先生《せんせい》は、てれたように頭《あたま》をかいて、

「わたしがあいてをしなくてもよかったのだが、うで前《まえ》をばかにされるのもくやしいから、しかたなく、しあいをしてやったよ。」

「それで、どうなりましたか。」

「あいてがかかってくるのを、ひらりひらりとかわし……。」

❶ けん道《どう》の先生《せんせい》は、どんな先《せん》生《せい》でしたか。（　）に合《あ》う言葉《ことば》を書《か》きましょう。

・いつも（　　　　）とじまんをしている先生《せんせい》。

❷ けん道《どう》の先生《せんせい》は、なぜ、しあいをしてやったのですか。（　）に合《あ》う言葉《ことば》を書《か》きましょう。

・うで前《まえ》をばかにされるのも（　　　　）から。

読《よ》んだ日《ひ》　月《がつ》　日《にち》

「それは、すごい。」

「ポンポンと、あいてのしないをはねのけ……。」

「なるほど。」

「はねのけはねのけ、ひらりひらり。」

「さすがは、先生《せんせい》ですね。」

「そのうち、あいてが正面《しょうめん》からかかってきたのを……。」

「さっと、はらいのけましたか。」

「いや、おでこでうけた……。」

❸ けん道《どう》の先生《せんせい》が、あいてをかわすようすをあらわす言葉《ことば》を六字《ろくじ》で書《か》き出《だ》しましょう。

❹ 「おでこでうけた」とは、どういうことですか。一《ひと》つに○をつけましょう。

ア　おでこがかたいということ。

イ　あいてにまけてしまったということ。

ウ　あいてにかったということ。

11 かきどろぼう

ある家《いえ》のにわに、とてもあまくておいしいというわさのかきの木《き》がありました。

ある夜《よ》、そこへ二人《ふたり》のわかい男《おとこ》が、かきをぬすみに行《い》きました。かきの木《き》は、へいのうちがわです。

「おれがおとすから、おまえがひろえよ。」

と、一人《ひとり》がへいをのりこえて、にわに入《はい》りました。その男《おとこ》が、かきの木《き》にのぼって、かきをポンポンとへいの外《そと》へなげます。そのかきを、へいの外《そと》の男《おとこ》が空中《くうちゅう》でうまくうけとります。男《おとこ》は、へいのうちがわからとんでくるかきを、一生《いっしょう》けんめい目《め》でおいながら、走《はし》り回《まわ》っていました。

しばらくすると、

❶ ある家《いえ》のにわに、何《なに》がありましたか。（　）に合《あ》う言葉《ことば》を書《か》きましょう。

・とても（　　　　）といううわさのかきの木《き》。

❷ かきの木《き》はどこにありますか。（　）に合《あ》う言葉《ことば》を書《か》きましょう。

・（　　　　）のうちがわ。

読《よ》んだ日《ひ》　月《がつ》　日《にち》

「おい、おちたよ。」

と、へいの外《そと》の男《おとこ》が言《い》いました。

「あたりまえだ。かきをおとしているんだもの。」

「おちたんだよ。」

「じゃあ、すてなよ。きずがつくと、おいしくなくなる。」

「おちたんだってば。」

へいの外《そと》では、どぶにおちた男《おとこ》がおき上《あ》がれずに、手足《てあし》をバタバタさせていました。

❸ かきの木《き》にのぼった男《おとこ》は、どこへ何《なに》をなげましたか。

・どこへ（　　　　）

・何《なに》を（　　　　）

❹ へいの外《そと》の男《おとこ》は、何《なに》がどこにおちたことを言《い》っていますか。（　）に合《あ》う言葉《ことば》を書《か》きましょう。

・（　　　　）が（　　　　）におちた。

12 わかがえりの水《みず》

むかし、あるところにおじいさんとおばあさんがいました。

ある日《ひ》、おばあさんが川《かわ》へせんたくに行《い》きましたが、なかなか帰《かえ》ってきません。やっと、帰《かえ》ってきたおばあさんを見《み》て、おじいさんはびっくり。

「おまえか、本当《ほんとう》におまえか。」

おばあさんは、すっかりわかくなっていたのです。

「川《かわ》の水《みず》で体《からだ》をあらったら、四十《よんじゅう》はわかくなってしまったの。」

「そりゃあいい。さっそく行《い》ってみよう。わしは、二十《にじっ》さいの男《おとこ》になってくるぞ。」

おじいさんは、うれしそうに川《かわ》へ出《で》かけました

❶ おばあさんがわかくなったのは、なぜですか。

［　　　　　　　　］

❷ おばあさんは、いくつぐらいわかくなりましたか。一《ひと》つに○をつけましょう。

ア　十《じゅう》
イ　二十《にじゅう》
ウ　四十《よんじゅう》

読《よ》んだ日《ひ》　月《がつ》　日《にち》

が、いつまでたっても帰《かえ》ってきません。

さすがに心配《しんぱい》になって、わかくなったおばあさんは川《かわ》に行《い》ってみました。

すると、おじいさんのきものはあるのですが、すがたが見《み》えません。

「もしかしたら、川《かわ》にながされたのでは。」

と思《おも》ったとたん、岩《いわ》のかげでなき声《ごえ》がしました。

「オギャア、オギャア……。」

おじいさんは、よほど長《なが》い間《あいだ》、川《かわ》の水《みず》につかっていたようで、赤《あか》んぼうになってしまったのです。

❸ おばあさんの話《はなし》を聞《き》いたおじいさんは、川《かわ》へ行《い》くとき、どんなようすでしたか。一《ひと》つに○をつけましょう。

ア　こわがっていた。
イ　うれしそうだった。
ウ　おこっていた。

❹ 長《なが》い間《あいだ》、川《かわ》の水《みず》につかっていたおじいさんは、どうなりましたか。（　）に合《あ》う言葉《ことば》を書《か》きましょう。

・川《かわ》の水《みず》につかりすぎて、（　　　　）になってしまった。

13 火事《かじ》のお見《み》まい

「火事《かじ》だ、火事《かじ》だ。」

その声《こえ》におどろいたかみさまが、首《くび》をのばしてあたりを見《み》わたすと、となり町《まち》の方角《ほうがく》に、もくもくと黒《くろ》いけむりが上《あ》がっています。

「あれは、となり町《まち》のかみさまのところらしいぞ。これは、たいへん。すぐにだれかを火事《かじ》のお見《み》まいに行《い》かせなくては。」

と、思《おも》いましたが、あいにく近《ちか》くにだれもいませんでした。いたのは、めしつかいのむかでだけです。

「おい、むかで。いそいで、となり町《まち》のかみさまのところに、火事《かじ》のお見《み》まいに行《い》っておいで。」

「はい。かしこまりました。」

むかでは、いそいでへやから出《で》ていきました。

読《よ》んだ日《ひ》　月《がつ》　日《にち》

❶ 黒《くろ》いけむりが上《あ》がっているところは、どこですか。（　）に合《あ》う言葉《ことば》を書《か》きましょう。

・（　　　　）の方角《ほうがく》。

❷ かみさまは、だれに火事《かじ》のお見《み》まいに行《い》くように言《い》いましたか。

（　　　　）

それから二時間《にじかん》ほどがたったころ。

ふと、かみさまはげんかんにむかでがいることに気《き》がつきました。

「もう行《い》ってきたのか。どうだった。」

「まだです。これから出《で》かけるところです。」

「何《なに》をぐずぐずしているのだ。」

むかでは、こまったような顔《かお》をして言《い》いました。

「だって、くつをはくのに、時間《じかん》がかかって……。」

むかでは、何十本《なんじっぽん》もある足《あし》に、一《ひと》つ一《ひと》つ、くつをはいていたのです。

❸ 二時間《にじかん》ほどたったころ、むかではどこにいましたか。一《ひと》つに○をつけましょう。

ア へやの中《なか》。

イ となり町《まち》のかみさまのところ。

ウ げんかん。

❹ むかでが二時間《にじかん》ほどたっても、お見《み》まいに出《で》かけられないのは、なぜですか。（　）に合《あ》う言葉《ことば》を書《か》きましょう。

・（　　　　）をはくのに、（　　　　）がかかっているから。

14 星《ほし》とり

よく晴《は》れて、たくさんの星《ほし》が見《み》える夜《よる》でした。

「こらこら、こんな時間《じかん》に何《なに》をしているんだい。」

お父《とう》さんが気《き》もちのよい外《そと》の空気《くうき》をすいににわに出《で》てみると、小《しょう》学生《がくせい》のむすこがほうきをもって、空《そら》にむかってふり回《まわ》しています。

「あ、お父《とう》さん。星《ほし》がきれいなので、一《ひと》つとろうとしているんだけど、なかなか

❶ むすこは、何《なに》をとろうとしていますか。

（　　　　）

❷ むすこは❶のものをとろうとして、どうしていますか。（　）に合《あ》う言葉《ことば》を書《か》きましょう。

・（　　　　）を空《そら》にむかってふり回《まわ》している。

読《よ》んだ日《ひ》　月《がつ》　日《にち》

とれなくて……。」

と、むすこがこまったようにわけを話《はな》しました。

「ばかだな。にわでいくらほうきをふり回《まわ》したって、空《そら》の星《ほし》がとれるはずがないだろう。」

お父《とう》さんが、あきれたように言《い》いました。

「そうか……。じゃあ、どうすれば、星《ほし》がとれるの。」

むすこが聞《き》くと、お父《とう》さんは、いかにももの知《し》りだという顔《かお》をして、

「まず、ほうきだとみじかすぎる。うらに長《なが》いものほしざおがあるだろう。あれをもってきて、高《たか》いところにのぼって、ふり回《まわ》しなさい。」

❸ さいごにお父《とう》さんは、どんな顔《かお》をしてむすこに言《い》いましたか。（　）に合《あ》う言葉《ことば》を書《か》きましょう。

・いかにも（　　　）だという顔《かお》。

❹ お父《とう》さんは、むすこにどうすればよいと言《い》いましたか。（　）に合《あ》う言葉《ことば》を書《か》きましょう。

・長《なが》い（　　　）を、（　　　）にのぼってふり回《まわ》せばよい。

15 かなづち

「おい、むすこ。」
と、とてもけちなお父《とう》さん
がむすこをよびとめました。
「なあに。」
「ちょっととなりへ行《い》って、
『すみませんが、かなづ
ちをかしてください』と
たのんでおいで。」
むすこは、すぐに家《いえ》から
とび出《だ》し、となりの家《いえ》に行《い》きました。
「こんにちは。すみませんが、かなづちをかして
ください。」
となりのおじさんが、

❶ むすこは、となりの家《いえ》に何《なに》をしに行《い》ったのですか。（　）に合《あ》う言葉《ことば》を書《か》きましょう。

・（　　　　）をかしてもらいに行《い》った。

❷ となりのおじさんが、かなづちをかしてくれなかったのはなぜですか。一《ひと》つに○をつけましょう。

ア かなづちがないから。
イ かなづちがへるから。
ウ かなづちをつかっていたから。

読《よ》んだ日《ひ》　月《がつ》　日《にち》

「かなづちで、何《なに》をするんだい。」

「くぎをうちたいんです。」

となりのおじさんも、とてもけちです。

「かせないよ。くぎなんかうたれて、かなづちがへったらどうするんだ。」

と、かしてくれません。

むすこが家《いえ》にもどってきて、

「だめだって。」

と言《い》うと、お父《とう》さんは、

「なんて、けちなんだ。しかたがない、うちのをつかおう。」

❸ お父《とう》さんがけちなことは、どんなことからわかりますか。（　）に合《あ》う言葉《ことば》を書《か》きましょう。

・自分《じぶん》も（　　　　）をもっているのに、つかうとへると思《おも》って、（　　　　）からかりようとしたことから。

❹ お父《とう》さんととなりのおじさんの二人《ふたり》のにているところは、どんなところですか。

（　　　　）

16 その後《ご》のももたろう

ももたろうは、おにがしまでおにをたいじしたので、今度《こんど》は、りゅうぐうじょうへ行《い》くことにしました。

こしにはきびだんごを入《い》れたふくろをまきつけ、りゅうぐうじょうには、どんなたからものがあるだろうかと思《おも》いながら歩《ある》いていました。すると、

「ももたろうさん、ももたろうさん。」

と、よぶ声《こえ》がします。おにがしまにいっしょに行《い》ったさるです。

「しばらくぶりですねえ。おにがしまからもってきたたからもので、すっかりお金《かね》もちになったそうですが、今度《こんど》はどちらへ。」

「りゅうぐうじょうだよ。おとひめさまに会《あ》って

---

❶ ももたろうは、今度《こんど》は、どこへ行《い》くことにしましたか。

（　　　　　）

❷ ももたろうがお金《かね》もちになったのは、なぜですか。（　）に合《あ》う言葉《ことば》を書《か》きましょう。

・（　　　　　）から（　　　　　）をもってきたから。

読《よ》んだ日《ひ》　月《がつ》　日《にち》

みようと思《おも》ってね。」
「わたしもまたいっしょに、つれていってくださ
い。それと、きびだ
んごを一《ひと》つください
な。」
「いいとも。ほれ。」
と、ももたろうは、こ
しのきびだんごをさる
にあげました。
さるはきびだんごを
つくづくながめながら、
「このきびだんご、やけに小《ちい》さくなったな。もも
たろうめ、金《かね》もちになったら、けちになった。」
と、つぶやきました。

❸ さるは、ももたろうから何《なに》をもらいましたか。

（　　　　）

❹ ももたろうがけちになったと、さるが思《おも》ったのはなぜですか。一《ひと》つに○をつけましょう。

ア　きびだんごを一《ひと》つしかくれなかったから。

イ　きびだんごがやけに小《ちい》さくなったから。

ウ　たからものをくれなかったから。

17 おぼれないほうほう

あるところに、おぼれないほうほうを教《おし》えてくれる先生《せんせい》がいました。

すべって川《かわ》におちて、もう少《すこ》しでおぼれそうになった男《おとこ》が、さっそく、その先生《せんせい》のところに出《で》かけていきました。

「先生《せんせい》、ぜったいにおぼれないほうほうを教《おし》えてくれませんかね。」

「いいとも。では、じゅぎょうりょうをいただこうか。」

「前《まえ》ばらいですか。」

男《おとこ》が、しぶしぶお金《かね》をわたすと、先生《せんせい》が、

「これはむかしからつたわることで、めったなことでは教《おし》えられないのだが……。」

読《よ》んだ日《ひ》　月《がつ》　日《にち》

❶ 男《おとこ》は、先生《せんせい》に何《なに》を教《おし》えてもらおうとしましたか。（　）に合《あ》う言葉《ことば》を書《か》きましょう。

・ぜったいに（　　　　）。

❷ 「しぶしぶ」には、男《おとこ》のどんな気《き》もちがあらわれていますか。一《ひと》つに○をつけましょう。

ア　お金《かね》をすぐにわたしたい。
イ　お金《かね》が足《た》りるかな。
ウ　いやだけど、しかたない。

と、もったいぶって言《い》い
ました。

「両足《りょうあし》を出《だ》しなさい。」

男《おとこ》が言《い》われたとおりに両足《りょうあし》を出《だ》すと、先生《せんせい》は、男《おとこ》の足首《あしくび》のまわりに、ぐるりとすみで線《せん》をかきました。

「はい、よろしい。」

「これから、どうするんです。」

「この線《せん》より［　　　　］ことだ。そうすれば、ぜったいにおぼれないぞ。」

❸ 先生《せんせい》は、男《おとこ》の足首《あしくび》のまわりに何《なに》をしましたか。

［　　　　　　　　］

❹ 上《うえ》の文章《ぶんしょう》の□に合《あ》う言《こと》葉《ば》はどれですか。一《ひと》つに○をつけましょう。

ア　ふかいところに入《はい》る

イ　ふかいところに入《はい》らない

ウ　あさいところに入《はい》らない

18 さるとわに

川《かわ》のそばのりんごの木《き》の上《うえ》に、一《いっ》ぴきのさるがすんでいました。

あるとき、わにがおよいできたので、さるはりんごをなげてやりました。

「ありがとう。おれいに、夕《ゆう》ごはんをごちそうするよ。ぼくの家《いえ》に来《こ》ないか。」

さるは、わにの言葉《ことば》をしんじて、よろこんでわにのせなかにのりました。

じつは、わには、さるのしんぞうがとてもおいしいという話《はなし》を聞《き》いていて、一度《いちど》食《た》べてみたかったのです。

わには川《かわ》のふかいところまで来《く》ると、水中《すいちゅう》にもぐっていき、さるをおぼれさせようとしました。

❶ さるは、どこにすんでいましたか。

〔　　　　　　　　〕

❷ わには、なぜ、さるをおぼれさせようとしたのですか。（　）に合《あ》う言葉《ことば》を書《か》きましょう。

・さるの（　　　　）が食《た》べたかったから。

読《よ》んだ日《ひ》　月《がつ》　日《にち》

さるはびっくり。

「どうして、ぼくをおぼれさせるの。」

「きみのしんぞうが食《た》べたいんだ。」

「えっ、しんぞう。それなら、家《いえ》にもどらなきゃ。おいしいほうのしんぞうをおいてきちゃったんだ。」

それを聞《き》いたわには、いそいできしに引《ひ》きかえしました。りんごの木《き》に近《ちか》づいたとたん、さるはさっさと木《き》にとびうつり、下《した》にいるわにに言《い》いました。

「□ほうのしんぞうなんてないよ。だれだってしんぞうは一《ひと》つだよ。」

❸ さるのどんなところが、かしこいと思《おも》いますか。一《ひと》つに○をつけましょう。

ア わにのせなかにのって、川《かわ》をわたるところ。
イ わににうそをついて、引《ひ》きかえさせたところ。
ウ わにに、りんごをなげてやったところ。

❹ 上《うえ》の文章《ぶんしょう》の□に入《はい》る四《よ》字《じ》の言葉《ことば》を書《か》き出《だ》しましょう。

19 気《き》の長《なが》い人《ひと》

よの中《なか》には、とても気《き》の長《なが》い人《ひと》がいるものです。

そんな気《き》の長《なが》い人《ひと》が、つりをはじめました。

そのつりを後《うし》ろに立《た》って、見《み》ている人《ひと》がいます。

「なかなか、かかりませんねえ。」

「ずっと、こうしているんだがね。あなたも、もう三《さん》、四時間《よじかん》、わたしのつりを見《み》ているね。」

「いやね、立《た》ち止《ど》まって、見《み》ているうちに時間《じかん》がたって……。」

「気《き》の長《なが》い人《ひと》だねえ。」

読《よ》んだ日《ひ》　月《がつ》　日《にち》

❶ 二人《ふたり》は、どんな人《ひと》ですか。（　）に合《あ》う言葉《ことば》を書《か》きましょう。

・とても（　　　）人《ひと》。

❷ 二人《ふたり》は、何《なに》をしていますか。（　）に合《あ》う言葉《ことば》を書《か》きましょう。

・何時間《なんじかん》も同《おな》じところで（　　　）をしている。

・後《うし》ろに立《た》って（　　　）。

「そういうあなただって、何時間《なんじかん》も同《おな》じところでつりをしている。気《き》が長《なが》くなければ、できないね。でも、さっきから言《い》おう言《い》おうと思《おも》っていることがあるんだけど……。」

「なんだい。もう少《すこ》しつれるところを教《おし》えてくれるのかい。」

「いや、そうじゃないんですが……。」

「なんだよ。はっきり言《い》いなよ。」

「それじゃあ、言《い》います。あなたのつっているところですが……。」

「ここがどうした。」

「そこ、きのうふった大雨《おおあめ》でできた水《みず》たまりなんですよ。」

❸ つりを見《み》ていた人《ひと》が、さっきから言《い》おう言《い》おうと思《おも》っていたことはなんですか。一《ひと》つに○をつけましょう。

ア 魚《さかな》がたくさんつれるところがあること。

イ つりを見《み》ているのにはわけがあること。

ウ つりをしているところは、水《みず》たまりだということ。

❹ つりを見《み》ている人《ひと》は、魚《さかな》がつれると思《おも》っていますか。

（　　　）

20 びんぼうがみ

ある男《おとこ》が、十二月《じゅうにがつ》ものこり少《すく》なくなったので、大《おお》そうじをはじめました。

バタバタそうじをしていると、たなのすみからぼろぼろのふくをきた小《ちい》さなおじいさんがとび出《だ》してきたので、びっくり。

「だ、だれだい。」

「わしか。わしは長年《ながねん》ここにすみついているびんぼうがみだよ。」

男《おとこ》はそれを聞《き》くと、かんかんにおこり出《だ》しました。

「おまえがいたせいで、いくらはたらいてもびん

読《よ》んだ日《ひ》　月《がつ》　日《にち》

❶ 大《おお》そうじのとき、たなのすみからとび出《だ》してきた小《ちい》さなおじいさんは、だれですか。

（　　　　　　）

❷ 男《おとこ》がびんぼうだったのは、なぜだと思《おも》いますか。一《ひと》つに○をつけましょう。

ア　あそんでばかりいたから。

イ　びんぼうがみがすみついていたから。

ウ　おさいせんが少《すく》なかったから。

ぼうだったんだな。早《はや》く出《で》ていってくれ。」

「もうすぐ正月《しょうがつ》なのに、おい出《だ》されるわけにはいかん。そのかわり、おまえをお金《かね》もちにしてやろう。にわに小《ちい》さな神社《じんじゃ》を作《つく》って、『びんぼうがみ大《だい》みょうじん』と書《か》いたのぼりを立《た》てるんじゃ。おまいりに来《く》る人《ひと》がおさいせんをくれるから、それをおまえのものにするといい。」

男《おとこ》は、びんぼうがみの言《い》うとおりにしてみました。

すると、だんだん、おまいりに来《く》る人《ひと》がふえて、男《おとこ》は本当《ほんとう》にお金《かね》もちになりました。

「どうして、こんなに人《ひと》が来《く》るんだ。」

と、男《おとこ》が聞《き》くと、びんぼうがみが言《い》いました。

「おまいりに来《こ》なければ、すみついてやると、町《まち》中《じゅう》の家《いえ》にちらしをまいたのさ。」

3 男《おとこ》をお金《かね》もちにするほうほうとは、どんなほうほうですか。（　）に合《あ》う言葉《ことば》を書《か》きましょう。

・にわに小《ちい》さな（　　　）を作《つく》って、おまいりに来《き》た人《ひと》の（　　　）を男《おとこ》のものにする。

4 おまいりに来《く》る人《ひと》がふえたのは、なぜですか。（　）に合《あ》う言葉《ことば》を書《か》きましょう。

・おまいりに来《こ》なければ、（　　　）というちらしを、びんぼうがみがまいたから。

21 目《め》じるし

いなかから大《おお》きな町《まち》に、見物《けんぶつ》に来《き》た親子《おやこ》がいました。

お父《とう》さんは、出《で》かけるときに、

「町《まち》は広《ひろ》くて、同《おな》じような家《いえ》ばかりならんでいる。道《みち》にまよって、りょかんがわからなくなるといけないから、どこかに目《め》じるしをつけておきなさい。」

と、むすこに言《い》いました。

さて、一日見物《いちにちけんぶつ》を楽《たの》しんで、日《ひ》がくれてりょかんに帰《かえ》ろうとしたときのことです。道《みち》にまよって、りょかんの場所《ばしょ》がわからなくなってしまいました。

「目《め》じるしをつけておきなさいと言《い》っただろう。その目《め》じるしをたよりにすればいいんじゃない

❶ お父《とう》さんは、出《で》かけるとき、むすこに何《なに》をたのみましたか。（　）に合《あ》う言葉《ことば》を書《か》きましょう。

・りょかんのどこかに（　　　　）をつけること。

❷ むすこは、何《なに》と何《なに》を目《め》じるしにしましたか。（　）に合《あ》う言葉《ことば》を書《か》きましょう。

・（　　　　）に（　　　　）でつけたしるし。

読《よ》んだ日《ひ》　月《がつ》　日《にち》

か。どんな目《め》じるしをつけたんだい。」

と、お父《とう》さんが聞《き》くと、

「りょかんを出《で》るときに、げんかんにつばでしるしをつけておいたんだ。それと、やねにからすが二羽《にわ》止《と》まっていたのも、おぼえているよ。」

と、むすこは頭《あたま》をかきました。

お父《とう》さんはあきれ顔《がお》で、

「やれやれ、おまえにたのんだのが、わるかった。」

と、言《い》いました。

・（　　）に止《と》まっている二羽《にわ》の（　　）。

❸ なぜ、目《め》じるしがなくなってしまったのですか。（　）に合《あ》う言葉《ことば》を書《か》きましょう。

・（　　）は、かわいてきえてしまい、（　　）は、どこかへとんでいってしまったから。

22 たな

むかし、近所《きんじょ》でもいいかげんで有名《ゆうめい》な男《おとこ》がいました。

どのくらいいいかげんかというと、引《ひ》っこしで、にもつをはこぼうとしたときのことです。どこへ引《ひ》っこすのかをおぼえていなかったので、町《まち》の中《なか》をぐるぐる回《まわ》って、もとの家《いえ》にもどってきてしまったことがあったくらいです。

その男《おとこ》が、近所《きんじょ》のおじいさんから、たなを作《つく》ってほしいとたのまれました。

男《おとこ》は、

「まかせてください。」

と、おじいさんの家《いえ》に出《で》かけていって、たなを作《つく》りました。

❶ 男《おとこ》は、どんなことで有名《ゆうめい》でしたか。（　）に合《あ》う言葉《ことば》を書《か》きましょう。

・近所《きんじょ》でも（　　　　）で有名《ゆうめい》。

❷ 男《おとこ》が、近所《きんじょ》のおじいさんからたのまれたことは、なんですか。

［　　　　］

読《よ》んだ日《ひ》　月《がつ》　日《にち》

「できたかい。おお、りっぱなたなだ。たすかったよ。」

おじいさんは、さっそく作《つく》りたてのたなに、ものをのせました。

そのとたん、ガタガタン。

たなが大《おお》きな音《おと》を立《た》てて、おちてしまいました。

「あれ。どうしたことだ。作《つく》りたてのたななのに、おちてしまったぞ。」

男《おとこ》は、平気《へいき》な顔《かお》をして、

「そりゃ、ものをのせたからですよ。」

と、言《い》いました。

❸ たなにものをのせたとき、たなはどうなりましたか。

（　）に合《あ》う言葉《ことば》を書《か》きましょう。

・大《おお》きな音《おと》を立《た》てて、

（　　　　）。

❹ たながおちたわけを、男《おとこ》はなんと言《い》いましたか。

［　　　　］

23 わかだんなの病気《びょうき》

むかしむかし、おいしゃさまのところに、大《おお》きな店《みせ》からつかいの人《ひと》が来《き》ました。

「病人《びょうにん》がいるので、みに来《き》ていただきたいのですが……。」

「それは、それは。さっそく行《い》きましょう。それで、病気《びょうき》なのは、店《みせ》のご主人《しゅじん》ですか。」

おいしゃさまが出《で》かける用意《ようい》をしながら、聞《き》きました。

「いいえ、店《みせ》のわかだんなでございます。」

「ほほう。どんなぐあいなのです。ごはんは、食《た》べられていますか。」

「いいえ、のむだけで。」

「おき上《あ》がれないのですか。」

❶ 大《おお》きな店《みせ》のつかいの人《ひと》は、どこに行《い》きましたか。

（　　　　）

❷ 病人《びょうにん》はだれですか。（　）に合《あ》う言葉《ことば》を書《か》きましょう。

・店《みせ》の（　　　　）。

❸ おいしゃさまは、病人《びょうにん》のどんなようすにびっくりしましたか。（　）に合《あ》う言葉《ことば》を書《か》きましょう。

・（　　　　）が食《た》べられない。

読《よ》んだ日《ひ》　　月《がつ》　　日《にち》

「はい。ねがえりもできません。しゃべることもむりで、わけのわからないなき声《ごえ》を出《だ》すだけでして。手足《てあし》もバタバタさせるだけです。」

おいしゃさまはびっくりして、心配《しんぱい》そうに聞《き》きました。

「それは、たいへんですな。もしかしたら、わるい病気《びょうき》かもしれない。わかだんなのお年《とし》は、おいくつですかな。」

「生《う》まれて二《に》か月《げつ》です。」

・おき上《あ》がれず、（　　　）もできない。

・しゃべることもむりで、わけのわからない（　　　）を出《だ》すだけ。

・（　　　）をバタバタさせるだけ。

❹ わかだんなの年《とし》は、いくつですか。

（　　　）

24 かけくらべ

どろぼうがガサゴソあちこちをさがしている音《おと》に、ねていた男《おとこ》が目《め》をさましました。

「うわっ、どろぼうだ。どろぼう。」

大声《おおごえ》でさわいだので、どろぼうはびっくりしてにげ出《だ》してしまいました。

「まて。つかまえてけいさつにつき出《だ》してやる。」

男《おとこ》は台所《だいどころ》にあったフライパンをつかむと、すぐに、どろぼうをおいかけました。

「まてまて。走《はし》るのがはやいやつだな。おれだって、はやいんだぞ。」

そのうち、男《おとこ》は走《はし》るのにむちゅうになりすぎて、おいかけているのか、おいかけられているのかわからなくなってきました。

❶ ガサゴソあちこちさがす音《おと》を立《た》てているのは、だれですか。

（　　　　）

❷ 男《おとこ》は、何《なに》をもってどろぼうをおいかけましたか。（　）に合《あ》う言葉《ことば》を書《か》きましょう。

・台所《だいどころ》にあった（　　　　）。

読《よ》んだ日《ひ》　月《がつ》　日《にち》

しばらく行《い》くと、知《し》り合《あ》いのおじいさんに出会《であ》いました。

「そんな、フライパンをもって走《はし》って、どうしたんですか。」

よび止《と》められた男《おとこ》は、いきをハアハア切《き》らしながら言《い》いました。

「どろぼうを、おいかけていたんです。」

「どろぼうですって。わたしはずっとここにいましたが、あなたしか見《み》ていませんよ。」

「どろぼうは、あとから走《はし》ってきますよ。とちゅうで、おいぬいてしまったんで。」

❸ 男《おとこ》は、しばらく行《い》くとだれに出会《であ》いましたか。

［　　　　　　］

❹ 知《し》り合《あ》いのおじいさんが、男《おとこ》がおいかけているどろぼうをまだ見《み》ていないのは、なぜですか。（　）に合《あ》う言葉《ことば》を書《か》きましょう。

・男《おとこ》が走《はし》るのにむちゅうになりすぎて、どろぼうを（　　　）しまったから。

25 たこのたくらみ

あつい日《ひ》、一《いっ》ぴきのたこが、すずしいはしの下《した》でひるねをしていました。

そこへねこがやって来《き》ました。

「うまそうなたこがいるぞ。あの足《あし》を食《く》ってやろう。」

ねこは、たこの足七本《あしななほん》を食《た》べてしまいました。

たこは、目《め》をさまして、びっくり。

「しまった。足《あし》が七本《ななほん》、なくなってしまった。どこへ行《い》ってしまったんだろう。」

あたりを見回《みまわ》すと、おなかのふくらんだねこが、気《き》もちよさそうにねむっています。

「あいつが、食《た》べたんだな。ようし、水《みず》の中《なか》に引《ひ》きずりこんでやる。」

❶ たこは、どこでひるねをしていましたか。

（　　　　　）

❷ たこの足《あし》が七本《ななほん》なくなってしまったのは、なぜですか。（　）に合《あ》う言葉《ことば》を書《か》きましょう。

・たこがねている間《あいだ》に、ねこが（　　　　　）から。

読《よ》んだ日《ひ》　月《がつ》　日《にち》

たこがのこった一本《いっぽん》の足《あし》で、ねこの鼻先《はなさき》をこちょこちょとくすぐると、ねこは目《め》をさましました。

目《め》の前《まえ》で、ひらひらと足《あし》をうごかせば、ねこはじゃれてとびついてくるだろう。そうしたら、足《あし》をまきつけて、水《みず》の中《なか》に引《ひ》きずりこんでやる――と、たこは考《かんが》えていました。

ところが、ねこはたこのたくらみに気《き》がついて、

「*その手《て》は食《く》わないよ。」

と、行《い》ってしまいました。

*その手《て》は食《く》わない…「そのようなわるだくみには引《ひ》っかからない。」のいみがある。

❸ たこがねこの鼻先《はなさき》をくすぐると、ねこはどうしましたか。

（　　　　）

❹ 「たこのたくらみ」とは、どんなことですか。（　）に合《あ》う言葉《ことば》を書《か》きましょう。

・ひらひらする足《あし》にねこがとびついてきたら、（　　　　）をまきつけて、（　　　　）に引《ひ》きずりこむこと。

答えとアドバイス

おうちの方へ
◎解き終わったら、できるだけ早めに答え合わせをしてあげましょう。
◎まちがった問題は、もう一度やり直させてください。

1 当たるうらない 2〜3ページ

❶ お寺の門の近く。
❷ わいわい
❸ ウ
❹ うらない

【アドバイス】
❹ 「うらないで当てたら」とは書かれていませんが、占い師に向かって言った言葉から考えさせましょう。

2 アイスキャンデー 4〜5ページ

❶ あまい
❷ アイスキャンデー
❸ 細かく・みんな
❹ イ

【アドバイス】
❹ 暑い夏の日だったので、ありたちが運んでいる間に溶けてしまったことを読み取らせましょう。

3 あっ、家がない 6〜7ページ

❶ 空の大きなはこ（が一つ）。
❷ 大事なもの
❸ ウ
❹ 家

【アドバイス】
❶ （ ）の言葉が入っていても正答です。

4 月日がたつのは 8〜9ページ

❶ りょこう
❷ いびき
❸ ア
❹ 月日がたつ

【アドバイス】
❹ お月さまとお日さまが早く出発したことと、「月日がたつのははやい」の意味を説明してあげましょう。

5 さるのさいばん 10〜11ページ

❶ 小さな・大きな
❷ 大きさ
❸ （どちらも）とっても小さくなってしまった。

【アドバイス】
❸ ねこのけんかに乗じて、いちばん得をしたのは、さるです。

6 身長ちがい 12〜13ページ

❶ （高い）へいの中
❷ イ
❸ 見えなかった。
❹ 見えなかった。

【アドバイス】
❹ 背の高い男が背の低い男の肩に乗っても、たした二人の身長は変わらないので、へいの中は見えません。

7 まんじゅうこわい 14〜15ページ

❶ まんじゅう
❷ ウ
❸ ウ
❹ こわい

【アドバイス】
❷ 本当はまんじゅうが好きで、二人の友達をだまし、まんじゅうを食べてしまったことを読み取らせましょう。

8 ゆうれいのいのち 16〜17ページ

❶ イ
❷ 白いきもののゆうれい。
❸ うめてしまった。
❹ あな・帰るところ

【アドバイス】
❹ 出てきた穴がふさがれ、帰る所がなくなってしまった幽霊のがっかりした様子を想像させましょう。

9 ねこの鳴きまね 18〜19ページ

❶ イ
❷ ねむることができないこと。
❸ ねこの鳴き声をまねすること。
❹ 人間・見物

【アドバイス】
❹ ねずみが静かになったのは、ねこの鳴きまねのためではなく、鳴きまねをする人間の見物を始めたからです。

10 けん道の先生 20〜21ページ

❶ 自分が強い
❷ くやしい
❸ ひらりひらり
❹ イ

【アドバイス】
❹ 強いことをじまんしていた先生は、実はそれほど強くはなかったことを読み取らせましょう。

11 かきどろぼう 22〜23ページ

❶ あまくておいしい
❷ へい
❸ へいの外（へ）
かき（を）
❹ 自分・どぶ

【アドバイス】
❹ 「柿が落ちた」と「どぶに落ちた」の二人の行き違いを読み取らせましょう。

12 わかがえりの水 24〜25ページ

❶ 川の水で体をあらったから。
❷ ウ
❸ イ
❹ 赤んぼう

【アドバイス】
❸ おばあさんのように若くなってこようと、おじいさんはうれしそうに出かけていったのです。

13 火事のお見まい 26〜27ページ

❶ となり町
❷ （めしつかいの）むかで
❸ ウ
❹ くつ・時間

【アドバイス】
❸❹ 二時間ほどたっても、出かけられずに玄関にいたむかでの困った様子を読み取らせましょう。

14 星とり 28〜29ページ

❶ 星（を一つ。）
❷ ほうき
❸ もの知り
❹ ものほしざお・高いところ

【アドバイス】
❹ お父さんが、物事をよく知っているような顔つきで言っているところにおかしさがあります。

15 かなづち 30〜31ページ

❶ かなづち
❷ イ
❸ かなづち・となり（の家）
❹ （とても）けちなところ。

【アドバイス】
❹ 金づちを貸してくれない隣のおじさんと、隣から借りようとしたお父さんのどちらもけちなのです。

16 その後のももたろう 32〜33ページ

❶ りゅうぐうじょう
❷ おにがしま・たからもの
❸ きびだんご（を一つ。）
❹ イ

【アドバイス】
❹ さるが自分から「きびだんごを一つくださいな」と言っているので、アはまちがいです。

17 おぼれないほうほう 34〜35ページ

❶ おぼれないほうほう
❷ ウ
❸ ぐるりとすみで線をかいた。
❹ イ

【アドバイス】
❹ 足首より深い所に入らなければ、おぼれないでしょう。